Affaire de Victor G...
Par un Profane.
Orléans 1876.

QUESTIONS & REMONTRANCES

RESPECTUEUSES

AU CLERGÉ ORLÉANAIS

CONCERNANT L'AFFAIRE, PENDANTE OU NON,

DE Mgr VICTOR PELLETIER,

CHANOINE DE SAINTE-CROIX.

PAR UN PROFANE.

ORLÉANS,

Imprimerie E. CHENU, rue Croix-de-Bois, 21.

1876.

NOS DOLÉANCES.

Je ne suis pas un mécréant, mais je n'en suis plus à la foi du charbonnier. Les querelles religieuses m'émeuvent, et, quand elles se compliquent et se prolongent, elles me jettent, malgré moi, dans le trouble et le malaise.

Sans me faire l'organe du public, qui ne m'en a pas chargé, je puis affirmer que je ne suis pas le seul à m'étonner et à souffrir.

Il y a de cela trois mois révolus, nous avons vu parmi nous un prêtre haut placé rompre en visière avec son évêque, l'accuser publiquement d'hérésie, le sommer de se rétracter, non plus avec menace du bûcher, il faudrait brûler trop de monde aujourd'hui, mais sous peine d'encourir les anathèmes de l'Église et les flétrissures de l'histoire.

Nous avons tous protesté, laïques et clergé,

contre cet attentat, et nous attendions, avec le frémissement de l'impatience, que l'autorité mît le récalcitrant à la raison et le rappelât aux convenances.

Le Chapitre édicta un blâme sévère que personne ne connaît, et que le chanoine censuré déféra, par appel, au tribunal suprême du Saint-Siége.

Sur ce, on suspendit toutes les mesures de répression réclamées par l'indignation publique, et le prélat romain, plus fier qu'Artaban, n'en continue pas moins de prêcher, de célébrer, de se promener en long et en large, en bas bleus et en gants violets.

II.

Détail touchant ! — A son retour de Rome, Mgr Dupanloup trouva réuni, dans la grande salle de son palais, un nombreux clergé venu pour lui présenter ses doléances ; son premier grand vicaire lui adressa, assure-t-on, au nom de tous, une harangue chaleureuse, où son confrère absent était traité de cerveau malade, et son livre, de pamphlet odieux, de libelle diffamatoire au premier chef.

Émotions vite passées ou habilement déguisées ! Allez à la cathédrale, un jour de dimanche, et vous y verrez les deux chanoines se donner tendrement l'accolade liturgique.

Serait-ce le baiser Lamourette ?

Mais non ; sans aucun doute, c'est un pur effet de la charité qui survit à tout et, aussi, par respect pour la sentence romaine qui doit les mettre d'accord.

III.

Cette sentence est-elle venue ? Viendra-t-elle jamais ?

Il se rencontre des gens qui vous chuchottent à l'oreille que Rome a condamné le chanoine prélaté.

Mais alors, que ne publie-t-on cette sentence ? Elle intéresse tous ceux qui croient à l'Évangile ; tous ont le droit de savoir si leurs évêques accusés d'erreurs sont orthodoxes ou s'ils ne le sont pas ; si l'Église catholique tolère l'insubordination disciplinaire et doctrinale, ou la réprime.

On ne sait qu'en penser quand on voit Mgr Pelletier reparaître bravement sur la brèche par lui ouverte il y a trois mois. Il a le calme et l'assurance de Jupiter Olympien et semble se rire de ses victimes, de ses accusateurs et de ses juges. Loin de soupçonner aucune décision qui le frappe, il déclare lestement, comme un homme qui n'y tient pas, lui pourtant qui a provoqué le jugement, il déclare que ce jugement pourrait bien ne pas venir. « Personne, dit-il, ne saurait « affirmer que le Pape prononcera ; l'affaire est « complexe. » (*Déf.* p. 1).

Pour la simplifier, il reprend de plus belle sa campagne contre son évêque et traite en matamore ses contradicteurs de toute dignité et de toute nuance.

Le sans-façon avec lequel il interpelle, discute et exécute le cardinal de Paris nous paraît atteindre les proportions de la parfaite outrecuidance.

Voilà près d'un mois que ce nouveau méfait s'est produit, et pas âme qui vive pour opposer un démenti, une protestation !

Tout cela nous plonge dans d'étranges perplexités.

Si Rome a parlé, comme on le dit, pourquoi l'évêché d'Orléans reste-t-il muet ? Et si Rome examine encore, comment Mgr Pelletier reprend-il la parole et pose-t-il en triomphateur ?

A qui et à quoi faut-il s'en prendre ? aux prétendues lenteurs de la cour romaine, au silence épiscopal ou, ce qui nous paraît plus vraisemblable, à une recrudescence d'audace de la part du chanoine guerroyeur ?

Avons-nous un évêque hérétique, ainsi que l'assure et le répète Mgr Pelletier, ou bien Mgr Pelletier serait-il lui-même sous le coup d'hallucinations fâcheuses ? Et, en supposant une parfaite lucidité dans le dénonciateur, sa démarche est-elle exempte de tout reproche au point de vue hiérarchique ?

Ces solutions si pressantes, il serait temps de les produire, à moins qu'elles ne soient réléguées, comme tant d'autres, dans le dossier déjà bien lourd de la fin du monde.

IV.

L'évêque sénateur est en ce moment aux prises avec des adversaires d'un autre genre ; on s'explique en partie son silence. Et puis, il répugne peut-être à sa magnanimité de sévir dans une querelle qui peut lui paraître personnelle.

Mais le public estime que la portée en est plus étendue. C'est l'honneur de l'évêque qui est ici en cause, et, jusqu'à un certain point, c'est notre foi qui est en jeu.

Devons-nous croire encore à cette parole qui nous a si souvent charmés ? Ce monde laïque d'Orléans que Monseigneur a si heureusement groupé autour de lui, ce diocèse qu'il a illustré par vingt-cinq ans de zèle, de travaux et d'institutions, la France qui s'est accoutumée à le considérer comme une de ses gloires, n'ont-ils pas, en vérité, quelque droit à une parole de sa bouche, à une déclaration qui confonde l'indigne accusation formulée contre sa foi ?

Malgré le respect profond, et à cause même de ce respect que nous portons à notre illustre évêque, nous sommes impatients de lui entendre affirmer avec éclat sa foi immaculée, de lui voir confondre ses détracteurs par un de ces éclats d'éloquence qui immortalisent sa verte et glorieuse vieillesse. Si les accusateurs en sont peu dignes, la cause, plus haute, semble l'exiger.

V.

Que notre vénérable évêque s'obstine à se taire, à dédaigner et à pardonner, soit ; nous voulons tout respecter en lui, son silence, comme sa parole.

Mais ne se trouvera-t-il pas dans le clergé d'Orléans un prêtre pour venger la foi de son évêque, un fils pour défendre l'honneur de son père ?

Vous avez protesté unanimement, me répondez-vous, contre l'acte odieux qui nous a tous attristés ; — c'est bien ; mais est-ce assez ?

Le respect du juge instruisant la cause vous commandait jusqu'ici l'abstention ; je l'admets encore.

Ce silence, pouvez-vous, devez-vous le prolonger, lorsque celui de vos membres dont vous avez improuvé la conduite renouvelle ses détractions et vous y associe largement ?

Si vous avez lu la *Défense* de ce triste *Episode*, vous savez ce que son auteur y donne à entendre de la loyauté de vos manifestations. Vous n'êtes, selon lui, qu'un peuple de valets, vous signez oui, et vous pensez non ; vous baisez en public les pieds de votre évêque, et, dans l'ombre, la main du chanoine qui tente de le déshonorer.

Décidément, messieurs du Sanctuaire, si vous avez encore de l'honneur, il vous reste peu de courage !

VI.

Ah ! savez-vous ce qui nous émeut et nous trouble le plus vivement, le plus profondément, nous, hommes du monde, en lisant le pour et le contre des appréciations que Mgr Pelletier produit ou combat dans sa *Défense?* C'est de constater une fois de plus que la discorde est parmi vous.

Et ce qui met le comble à notre affliction, est de voir que, chez vous comme chez nous, le haut du pavé est aux violents, aux insolents, aux intolérants, tandis que les modérés qui semblent le mieux saisir le nœud des situations actuelles, qui sauvent encore la Religion et le Christianisme d'une entière impopularité, qui placent au-dessus des formes politiques et gouvernementales le salut des âmes et celui de la patrie, ceux-là sont honnis, comprimés, annihilés.

C'est poignant de tristesse !

Et vous couvrez tout cela de votre inaction et de votre mutisme !

Que vous le sentiez ou non, il y a là-dessous des responsabilités incalculables.

VII.

La réponse aux audacieux est-elle donc si difficile ?

Je ne puis le dire avec autorité ; ceci dépasse ma compétence.

Cependant, pour rester dans le méfait qui m'arrache ce cri d'indignation, il me semble que la nouvelle brochure de Mgr Pelletier n'exigerait pas un grand effort de réfutation ; le sophisme s'y mêle, à chaque page, à l'inexactitude historique. Ainsi, parmi les nombreux exemples mis en avant dans cette plaidoirie pour justifier la révolte, deux seulement ont quelque rapport avec la situation qu'il s'agit de disculper : celui de saint Jérôme en lutte avec son propre évêque (*Défense*, p. 57), et celui des contradictions de Nestorius (p. 62).

Sans manquer de respect à la mémoire de saint Jérôme, ne pourrait-on pas mettre sa campagne contre son évêque, en la supposant véritable, sur le compte de l'impétuosité et de l'âpreté assez connues de sa polémique ? Ceci soit dit sous toute réserve.

Il ne resterait dès-lors que le second cas, et y recourir c'est, selon nous, un inqualifiable outrage. Quoi ! un prêtre que son âge semblerait devoir préserver de tels écarts, ose se permettre de comparer notre évêque d'Orléans, l'infatigable défenseur de toutes les nobles causes, au blasphémateur Nestorius, à l'hérésiarque le plus exécré peut-être des annales ecclésiastiques, à l'impie qui méconnut la divine maternité de la Vierge, mère du Christ ?

Pour tolérer sans indignation un pareil oubli des convenances, il faudrait en avoir émoussé en soi-même le sentiment et les délicatesses.

Et sur ce libéralisme dont on fait tant de bruit, n'y aurait-il rien à éclaircir ? Est-ce que ce mot pris dans sa généralité n'entraîne pas de regrettables confusions ?

Qu'on nous dise donc nettement quel est ce libéralisme que nous devons réprouver sous peine de n'être plus chrétiens. Il est de mode aujourd'hui, dans une certaine presse de déblatérer indistinctement contre les principes de 89. Faudra-t-il donc anathématiser, sans réserve aucune et de quelque côté qu'on l'envisage, la grande révolution qui a inauguré le monde moderne ? Rêve-t-on, ainsi que les radicaux l'affirment et savent le persuader aux imbéciles, à la dernière heure du scrutin, rêve-t-on de retourner à l'ancien régime, aux gouvernements indiscutés, aux priviléges, à l'arbitraire ? Assurément non ; on aurait d'ailleurs beau faire, le passé ne revivra pas. Mais alors, qu'on se souvienne que toutes ces vieilles choses, c'est le libéralisme qui les a balayées.

Veut-on seulement parler de l'indifférentisme religieux, de l'égalité dogmatique des cultes devant la loi, de la licence de la presse, de la prépondérance systématique de l'État sur l'Église; ces excès, nous sommes tout prêts à les réprouver.

Mais c'est écœurant d'entendre répéter à tout propos par de certaines gens : *libéral, libéral,* comme une accusation sanglante de mécréance, et de ne pas même savoir ce qu'ils veulent dire.

Avant d'envoyer cette épithète diffamante à notre évêque et à nous tous, Mgr Pelletier et les autres feraient bien d'en préciser le sens.

VIII.

La ville d'Orléans a eu, en effet, la meilleure part dans la diatribe du prélat romain.

Ce saint homme nous accuse d'être, à peu près tous, infectés de la peste du libéralisme.

« Le catholicisme libéral, dit-il en gémissant, depuis vingt ans, a gagné à Orléans quantité d'esprits ; il est donc à souhaiter que la vérité soit montrée à ces hommes, dont les intentions, d'ailleurs, ne sauraient être suspectées, dont la bonne foi est entière. » (*Déf.*, p. 65).

A la bonne heure ! un peu de charité n'est pas de trop dans cette affaire !

Sur ce point, du moins, qu'il faut que la lumière se fasse, nous sommes pleinement de l'avis du vigilant chanoine. Si notre évêque est infecté, nous pouvons l'être aussi ; nous attendons son abjuration pour faire la nôtre. Le plus tôt ne sera que le mieux.

L'inconvénient le plus sérieux d'une plus longue attente est de grandir de plus en plus le rôle de Mgr Pelletier. Jusqu'ici, lui seul a raison, lui seul triomphe, et ceux qu'il combat passent aux yeux de plusieurs pour des excommuniés et des relaps.

Il est temps que cette situation finisse.

IX.

Finalement, voici notre requête.

Au nom de la vérité et de la justice, pour la paix et la sécurité de nos consciences, pour mettre fin au malaise général qui comprime les âmes, nous demandons que le jour se fasse sur le scandale ecclésiastique d'Orléans.

La cause introduite en cour de Rome est-elle jugée, oui ou non ?

Si oui, que notification en soit donnée au public.

Si non, qu'il soit interdit dans les formes au plaideur de continuer ses diatribes et ses apologies.

Nous demandons qu'on insiste à Rome pour obtenir la prompte répression d'une attitude qui amoindrit le clergé, qui diminue parmi nous le respect de la Religion et de ses ministres.

Nous demandons enfin, nous, croyants, que le clergé dont nous acceptons la conduite, ne laisse mettre en suspicion ni sa foi ni sa loyauté.

L'armée, la magistrature, le barreau, tout corps constitué, prend soin de repousser les accusations et les insinuations déshonorantes.

Nous qui aimons et vénérons le clergé, nous voudrions qu'il ne fût jamais surpassé ni même égalé dans les délicatesses et les justes susceptibilités de l'honneur.

www.ingramcontent.com/pod-product-compliance
Lightning Source LLC
Chambersburg PA
CBHW061614040426
42450CB00010B/2488